BOTIMET BALLI I KOMBIT

Emigrant në Australi

Petrit Kello

Tetor 2010

EMIGRANT NË AUSTRALI

Copyright © Petrit Kello 2010

ISBN : 978-0-9567471-0-5

Publikuar nga « Botimet Balli i Kombit » 2010

Email : botimet@ballikombit.org

Webfaqe : http://botimet.ballikombit.org

London 2010

Petrit Kello

PARATHËNIE

Vendosja e dikataturës komuniste në Shqipëri në fund të vitit 1944, detyroi me mijëra shqiptarë të marrin rrugën e gjatë dhe pa kthim të mërgimit. Shumë prej tyre shpresuan se ky emigrim do të ishte i përkohshëm dhe se së shpejti do të ktheheshin përsëri pranë familjeve të tyre, që patën lënë në atdhe. Por për fat të keq diktatura komuniste zgjati 50 vjet dhe shumica e këtyre emigrantëve e kaluan dhe e mbyllën jetën larg vendit të tyre, pa u parë kurrë më me nënën, babanë, vëllanë, motrën, gruan apo femijën. Disa prej tyre, më të rinjtë, patën më shumë fat sepse i mbijetuan regjimit komunist dhe mundën ta shikojnë përsëri Shqipërinë për të cilën i digjte malli.

Një prej tyre është Petrit Kello, i cili u largua nga Shqipëria në moshë shumë të re për të shkuar në Perëndimin e lirë. Pas disa vitesh, kur humbën shpresat për një çlirim të shpejtë të Shqipërisë nga komunizmi, ai emigroi në Australi për t'u kthyer vetëm pas 41 vjetësh në vendlindjen e tij në Bilisht. Në emigracion ai u integrua ne jetën e shtetit ku jetonte dhe arriti të ketë një pozitë shoqërore dhe profesionale të respektuar dhe të nderuar. Megjithatë ai kurrë nuk e harroi vendin e tij, Shqipërinë, dhe u interesua për të gjatë gjithë kohës duke marrë pjesë në organizatën nacionaliste Balli Kombëtar. Dhe atëherë kur nisi lufta e Kosovës, nëpërmjet njohjeve që kishte krijuar, ai u përpoq të sensibilizonte qeverinë australiane në favor të çështjes shqiptare duke kryer detyrën e tij prej shqiptari dhe atdhetari.

Në këtë libër do të gjeni kujtimet e Petrit Kellos, të cilat janë të gjalla dhe të treguara në një mënyrë të thjeshtë dhe tërheqëse. Rrëfimi e zhyt lexuesin në një univers shumë-dimensional: jeta shqiptare e viteve 1940, kampet e emigrantëve të pasluftës në Perëndim, hapësirat e pafund të Australisë, Shqipëria e viteve 1990 e më pas, shfaqen me një qartësi dhe saktësi të mahnitëshme.

Këto kujtime hedhin pak dritë mbi emigracionin shqiptar gjatë diktaturës komuniste. Për shkak të izolimit të Shqipërisë, emigracioni i kësaj periudhe njihet ose fare pak nga lexuesi shqiptar, ose në mënyrë të deformuar nëpërmjet klisheve të propagandës komuniste. Shpresojmë që ky botim të ndihmojë shqiptarët ta kuptojnë më mirë historinë e këtij emigracioni në veçanti dhe historinë e Shqipërisë në përgjithësi.

Botimet "Balli i Kombit"

Petrit Kello

Emigrant në Australi

Petrit Kello

NË SHQIPËRI

Petriti, i biri i Estref dhe Bejxhe Kello, lindur në Bilisht me 5 Janar 1934. Babë Istrefi, në shkurt të vitit 1938 shkoi në Australi si emigrant ekonomik duke më lënë mua në moshën 4 vjeç dhe vëllanë tim Irfanin në moshën 2 vjec, nën kujdesin e Mëmës dhe të xhaxhallarve në shtëpinë e togut ku jetonim asikohe në Bilisht të gjithë së bashku.

Lufta Botnore po trokulliste tek dera dhe fatkeqësisht neve në Shqipëri jo vetëm që u zhytëm në mjerimet e luftës por e humbëm dhe pamvarësinë si Shtet! Që nga viti 1939 edhe deri më 1944 vendi u okupua prej Italisë, Greqisë, përsëri prej Italisë, Gjermanisë dhe komunistëve të pashpirt të nxitur nga sllavo Popoviçët e Mugoshoviçët. Okupatorët ngrinin dhe rrëzonin qeveritë e tyre kukulla ku çrregulluan e shkatrruan shkollat; çakërdiseshin dhe nxënësit. Unë vetë me mundime, deri më 1948, mezi bëra 5 vjet shkollë.

Okupatorët italianë jo vetëm që formuan në Shqiperi një qeveri me shqiptarë të pa dëshiruar nga populli, por shkuan edhe më tej dhe në tetor të vitit 1940 filluan luftë me Greqinë. Këtu unë vetëm do të orvatem të tregoj disfatat e humbjet e pa pritura qe ushtritë barbare italo-greke i prurën familjes tonë. U dha urdhër ushtarak që e gjith popullata të terhiqesh 15 kilometra larg vijës kufitare dhe ky urdhër na përfshiu dhe neve të Bilishtit. Ishim familje e përbërë nga disa kurorë. Xhaxha Naimi mori qerren e bagëtitë e mëdha si dhe femijët e tij dhe shkoi në Zvezdë. Neve të gjith të tjerët nën kujdesin e xhaxha Mehmedit, morëm bagëtitë e vogla, nja 70 krerë dhen dhe kafshën ngarkuese e bashkë me familjen e daj Adilit te Stropanit shkuam në miqtë e Tishnicës. Lufta po bëhesh e rreptë. Ushteria greke mbas një muaj lufte i theu dhe i shtyu forcat italiane nja 25 a 30 km por nuk i luajti dot më nga fronti i dytë. Korça dhe Gjirokastra u okupuan nga ushtëritë greke, kështu që muhaxhirët e strehuar neper miqtë u lejuan të ktheheshin nëpër shtëpijat e tyre, edhe neve si gjith të tjerët u kthyem në Bilisht. Shtepinë e gjetëm të plaçkitur, por dëmi më i madh ishte që Grekërit na kishin marrë krejt zairenë e dhenve, dhe plevicën e haurin e kishin mbushur me municion lufte; kështu që u detyruam t'i shesim të gjitha bagëtitë e vogla me nje çmim krejt të ulët dhe ekonomikisht si familje mbetëm përballë një varfërie të pa pritur. Pllakosi dhe një dimër i madh dhe popullatës iu shumëfishuan mjerimet se mungonte çdo gjë dhe ishin të detyruar të strehonin dhe ushtërinë greke. Ishim nën Greqinë deri në prill 1941 dhe na zuri prapë Italia - nje armik ikte tjetri vinte.

Italia e shtriu okupimin e saj deri në Greqi.

Italianët u terhoqën nga Bilishti më 11 Shtator 1943. Atë ditë u mbush Bilishti me çetat partizane, kishte midis tyre dhe komunista grekë qe i kishin ardhur për ndihmë komunistave shqiptarë që në 8 shtator goditën pabesisht çetën e Ballit në katundin Ziqisht. Partizanët-komunista e mbajtën Bilishtin vetëm 24 orë dhe përveç sharjeve dhe kërcënimeve që i bënë Bilishtarve, ata, të nesërmen i bënë pritë dhe autokollonës gjermane që po vinte që nga Greqia. Në pritë e sipër partizanët dogjën dy kamiona të gjermanëve dhe ia mbathën këmbëve e u mbajtën në malin e Bradvicës duke e lënë gjith krahinën në duart e okupatorit të ri. Banorët e Bilishtit dhe të fshatrave përreth, të llahtarisur nga lufta e pa pritur gufuan të tërhiqen nër fshatrat e largme dhe në malin e Moravës sa për të shpëtuar koken. Mua atë ditë më kishin dërguar Denehanët për të korrur ca mistrishta për qetë. E lidha gomarin në sternishten e Ali Zakës dhe fillova punën. Dëgjoheshin të shtënat e pushkëve nga të gjitha anët dhe gjithkush që punonte nëpër ara filluan e largoheshin nga lufta. Aty afër arave tona ishte në arën e tij dhe Sheme Halimi, kushëriri i babait, nga Bitincka, i cili më mori nën mbrojtje dhe bashke me të shkuam në Bitinckë dhe së andejmi bashkë me familjen e Shemkës ikëm në Rakickë. Familja jonë mundi të ikte vetëm me plaçkat e trupit në Pilur dhe nga andej në Stropan. Nga kjo luftë e papritur u vranë dhe shumë civila, prej fisit tone humbën jetën xhaxhaica, Fatime Myslym Kello dhe kushëri Sabri Hasim Kello. Edhe për mua pati dyshim vdekje se mori 6-7 ditë sa u bashkuam me familjen! Edhe kesaj here familja tone pati humbje të mëdhaja se gjith bagetinë e gjënë e gjallë na i mori gjermani por dhe gjith pasurinë e lujtshme na i grabitën rebelat.

Gjermanët qëndruan në Shqiperi deri në nentor 1944.

Regjimi komunist i Enver Hoxhës që nguli këmbët në Shqipëri në fund të nëntorit 1944, natyrisht edhe me ndihmat e mëdha qe pati gjatë luftës edhe nga aleatët perndimorë, jo vetëm qe vrau dhe burgosi patriotët më të mirë, shqiptarët më të ndershëm, por filloi t'i ndjeki e persekutojë edhe më të thjeshtit pa pasur asnjë faj, të mëdhenj e të vegjël që nuk i bëheshin vegël ideollogjisë së tyre fallco!

Im ungj, Nevrus Kello, deri në atë kohë kishte shërbyer si zyrtar në xhandarmërinë shqiptare rreth 20 vjet, por, në mbrëmjen e 14 dhjetorit 1944 shkuan patrullat e sigurimit komunist dhe e arrestuan në shtëpine ku banonte me familjen në Tiranë. Në hetimet e bëra ku kishte shërbyer, Tiranë, Shkodër dhe Elbasan nuk pati asnjë ankesë, kështuqë, mbas 3 muajve e sollën në burgun e Korçës dhe mbas nje viti, më datën 8 nentor 1945, e dënuan me 20 vjet burg.

Me tej, më datën 19-11-1946, me anën e ligjeve të dobta, me vendimin nr. 245 të Komitetit të Partisë dhe me nenin nr. 115 është bërë dhe sekuestrimi i pasurisë të familjes Kello.

Koha kalon, skamjet, vuajtjet dhe mjerimet e shumta të shkaktuara nga pushtetarët xhahila po pllakosnin krejt vendin.

Une, duke parë se si familje po rrëshqismin nga ekonomia, u detyrova ta lë shkollën që më 1948 dhe po në atë vit hyra si nxënës në kooperativën e këpucarve të Bilishtit. Puna filloi e më pëlqente por mbas afro një viti, erdhi një i deleguar i artizanatit nga Korça dhe mblodhi antarët dhe nxënsit e kooperativës dhe, duke folur për komunizmin e Partinë, dha udhëzime të reja, se meqenëse mungonte materiali për bërjen e këpucëve të reja, duheshin larguar nga kooperativa një pjesë e punëtorve, e të shkonin në punëra të tjera, sidomos në hekurudhën qe po ndërtohej dhe kur të vinin matrialet do të ishim të pranuar perseri! I deleguari i Partise u shfry sa mundi kundër Anglo-Amerikanve që, gjoja brohorisnin klikën e Titos e të Koçi Xoxes: Këta jane dhe shkaktarë që na mungon dhe furnizimi i materialeve të artizanatit, tha ai! Emri im figuroi në listën e largimit nga kooperativa e këpucarve.

Ishte vjeshtë e vitit 1949. Bashkë me një kushëri vendosëm e shkuam për punë në Sukth, rreth i Durrësit. Udhëtimin e kemi bërë me këmbë dhe na mori afër 4 dite duke fjetur rrugve, ku të arrinte nata, derisa u degdisëm në Sukth. Atje filluam punë në sektorin e Rushkullit ku shpyllëzohesh toka. Une isha i ri nga mosha dhe megjithse punoja si të mëdhenjtë, merrja vetëm gjysmë rroge. Punuam deri në fillim të marsit 1950 dhe prapë me trastat në shpinë ku me mjete e ku me këmbë arritëm në Bilisht Mos e pyet hallin, shtepinë e gjetëm edhe më të varfër nga se ç'e lamë! Ehu! Pa u çmallur mirë me familjen, me thirrën një natë në mbledhjen e « r inisë të unifikuar » qe mbahej në sallën e shkollës të Bilishtit. Ekipet e Partisë propagandonin ndër popull që të shkruheshin vullnetarë për 3 muaj punë në hekurudhë, por në të shumtat e rasteve i caktonin emrin dhe kërkush nuk guxonte të thonte jo... Duhet të ketë qenë mbrëmja e datës 20 a 21 e marsit. Mbledhja u hap me të bërtitura : "Enver-Stalin-Dimitrov". Dimitrovi i Bullgarisë e kishte zëvendësuar, Titon e Jugosllavisë! Fjalimin e mbajti bashkfshatari komunist X, dhe mbasi tregoi me mburrje përparimet që kishte arritur Partia, kërkoi vullnetarë për 3 muaj punë në hekurudhë, e mbas tre muajve - tha - ai që dëshiron të qëndrojë e vazhdojë punë në hekurudhë do të paguhet me rrogë të plotë. U bënë e ca diskutime të thata por nuk doli të regjistrohet as një vullnetar! Fjalim-mbajtesi, shoku X, mbas pak heshtje, u ngrit dhe filloi t'i shpjegojë orientit të mbledhjes se si në radhët e rinisë së unifikuar i futëm të gjithë, edhe të rinj që vinë nga familje të prekura. Këta, tha ai, duhet të dënojnë rrugën e familjeve të tyre dhe të punojnë pa rezerva në aksionet që ka hapur Pushteti dhe Partia. Ja, tha ai, si

Petrit Kello

shembull kemi Petrit Kellon, të riun e unifikuar që do shkruhet vullnetar për në aksionin Durrës-Elbasan! Më ra pika kur dëgjova të përmendet emri im dhe u ngrita të justifikohem duke i thënë se ishim mjaft mbrapa me punët e bujqësisë dhe duhet ta bëjmë punën sa më mirë që të realizojmë detyrimet ndaj shtetit. Ai qëndronte më këmbë dhe tha se Bilishti ndoshta ka 80% bujq por ti mundet të zgjedhësh 3 mujorin e vjeshtës a të dimrit se nga aksioni s'ke për të shpëtuar. Në shtëpinë e X-it flisnin maqedonisht, bile, edhe shqipen e flisnin si të thyer. (Po të ishte kritika e lejuar do t'i kisha thënë që padronët e tu kanë gabuar e të kanë bërë komunist më pare se të të bënin shqiptar!) Kur u shpërnda mbledhja unë me Fiqret Hysenin udhëtuam bashkë se i kishim dhe shtëpiat afër, në lagjen poshtë. Me atë fjalosesha hapët dhe më doli besnik. Atë natë e kalova pa fjetur fare me të menduar se ç'mund të ndodhte po të më mernin në hekurudhë pa aprovimin e familjes ose përpara çfarë rreziku do të kisha në qoftë se do të arratisesha për të mos u bërë servil i komunizmit. Gjithë javën e kalova me të menduar pa i thënë kërkujt për merakun që po më hante. E gjeta më me vend arratisjen.

Emigrant në Australi

ARRATISJA

Vendosa të arratisem, fillova me mendjen time të planifikoj pa e implikuar as familjen e as të afërmit. Mëma kishte shkuar të vizitojë të motrat (tezet) në Vishocicë se kishin sebep dhe një fejesë. Ishte ditë e hënë data 27 mars 1950. Atë ditë mbollëm vragjitë e rasatit. Kishte ardhur të na ndihmonte edhe Fiqja i Xha Hysenit, të cilit i thashë qetësisht "sonte kam vendosur të arratisem". Ai tha se e kishin bërë fjalën me disa fshatarë që do të shkonin për fëllëza malore. Bukur, i thashë, unë s'kam as fëllëzë as kafas por do t'ju shoqëroj deri në mal dhe…. Ashtu ndodhi, me t'u ngrysur ju qepëm malit përpjetë, kapercyem vendin e quajtur Dedina, e lamë Bitinckën në krahun e majtë dhe ju afruam malit të Trenit. Dhe bash atje gjuetaret pregatitën ushet, ngritën sarzat e leqve, u fshehën të gjithë mbrapa drizave dhe gjuetarët i dhanë fishkëllimin fëllëzave e ato filluanë të këndojne pa pushim. Dikush zuri fëllëza e dikush jo, erdhi koha që të kthehesh sikush në shtëpi, por, une iu thashë të gjithve se kam dhimbje barku e do të qëndroj sonte këtu në Tren tek ca miq dhe do të vi nesër ditën në Bilisht. Pretendova që do të shkoja në Tren, por menjëherë bëra dredhim rruge dhe iu ngjita kodrave për në lindje. Ishte natë e errët, duke ecur ndër vise krejt të pa njohura! Përrenjtë, majat e maleve e të kodrave kishin akoma mjaft dëborë, mundohesha te ecja në drejtim të lindjes por po ç'orientohesha se do kishin shkuar 2 a 3 ore dhe nuk e dija ku ndodhesha! Zbrita në një farë rruge, m'u duk sikur kisha hyrë thellë në tokën greke dhe fillova të eci rrugës. Mbas pak kohe iu afrova një fshati, trokita fort me mykën e sëpatkës që kisha për mbrojtje në portën e një shtëpie. Një qen filloi të lihte pa pushim dhe mbas pak u dëgjua një zë gruaje "kush eshte". Eh thashë! E kuptova që isha hala në Shqipëri dhe ia mbatha këmbve, me një të rendur të jashtëzakonshme po asaj rruge që erdha, por, sa iu largova nja një kilometër fshatit e lashë rrugën dhe iu qepa një mali më të djathtë. Ecja me të gufuar dhe kur arrita në majën e malit e kuptova që kisha arrirë në vijën kufitare. Shkova nja dy qind metra më brenda dhe pushova pak mbi nje gur për t'u orientuar e çlodhur. Mbas 10 a 15 minutash u futa ne një monopat kafshësh dhe fillova të eci por në drejtim të pa ditur. Ishte vend i lartë dhe i pyllëzuar, dhe më thellë në një si përrua, u dukën shtepia. Iu avita fshatit por ç'të shoh! Shtepiat, hauret, plevicat me dyer e penxhere të thyera, rrugët e mbushura me orendi e sende shtëpiake të hedhura saqë pengoheshe nëpër to. Nuk kishte asnjë lëvizje. Dukesh që ishte vend i abandonuar. Duke ecur nëpër rrugët iu afrova një binaje të madhe. Ajo bina ishte kisha e fshatit. Nje tabelë me shkronja të mëdha e rrëzuar përtokë. Me shkrepse i pashë që nuk ishin shkronja latine. Përnjëherësh ndjeva një gëzim në trup, një shpresë që jeta do të vazhdonte, se u sigurova që kisha zbritur në Botën e Lirë! Hyra dhe u struka mbas një shtëpie dhe me shumë gëzim prita mëngjezin e datës 28 mars 1950. Me t'u gdhirë mora rrugën drejt që të çonte për në një fshat më të madh. Sa kisha shkuar nja 400 a 500 metra u dukën dy ushtare grekë të armatosur dhe me një mushkë që po vinin nga ana e kundërt, më qëndruan urtësisht, më kontrolluan.

Iu dorëzova dhe sëpatën e vogël që mbaja me vehte. Ushtarët u kthyen dhe nga rruga, më bashkëshoqëruan për në kazermat e ushtërise ku ishte dhe komanda ushtarake. Atje me pritën mire, sollën dhe përkëthyes adapt por çuditeshin si kisha shpëtuar jetën se të gjitha ato vende ishin të minuara nga komunistat grekë që në gushtin e 1949 që të ndjekur nga ushtëria greke u futën shumica në Shqipëri. Prandaj edhe fshatrat afër kufirit ishin lënë të shkatërruara dhe abandonuara. Në ato kohë grekët e kishin të ndaluar qarkullimin e njerzve dhe kullotjen e bagëtive në ato fshatra buzë kufirit të Shqiperisë se ishin të minuara rëndë dhe kishin ndodhur shumë aksidente. Pritnin të vinte pranvera, e të sillnin eksperetë për ta pastruar e çarmatosur vendin nga minat, bombat dhe materiale lufte që kishin lënë partizanët e EAM-it. Përkëthyesi më tha se të dyja këto fshatra që kisha përshkuar unë quheshin njëri Llabanicë e tjetri Kosinec (maqedhonisht). Greqia iu ka ndërruar emrat tani? Të dyja fshatrat janë afër fshatrave Trestenik e Kapshticë afër kufirit të Shqiperisë. Dhe ujrat e kodrave të këtyre fshatrave formojnë një lum të vogël dhe nëpër Trestenik e Vishocicë derdhet në lumin Devoll në Shqipëri.

Ditën tjetër prej këndej më shpunë në qytetin e Kosturit, atje më bashkuan dhe me të tjerë shqiptarë të ikur sikurse dhe unë, por nuk kishim liri të shëtisnim. Na pyesnin gjatë ditës dhe netët i kalonim në një farë binaje që ruhesh nga rojet me uniformë. Pyetjet dhe hetimet bëheshin me përkëthyesa dhe vazhdonin ditë me radhë duke i përsëritur të njëjtat pyetje. Nga Kosturi na mbajtën pak ditë në Kozan dhe prej andej me një kamion të mbyllur, bashkë me ca të burgosur grekë, na degdisën në Selanik. Atje gjetëm dhe shumë të tjerë shqiptarë, jugosllavë, bullgarë, rumunë etj. Në Selanik na mbajtën 5 javë, edhe këtu të izoluar e me roje. Na fotografuan secilin individualisht dhe na pajisën me letër njoftime me këtë mbishkrim: «I ikur politik». Një ditë nga ditët na grumbulluan në një vapor shkatërrirë pa na treguar se ku shkonim! Ditën tjetër na zbarkuan në portin e madh të Pireut e prej këtu të shoqëruar na çuan një natë në një burg të Athinës ku kishin dhe komunista, të dënuar që e lëshuan gojën dhe flisnin lirisht në favor të komunizmit. Disa djem të gjallë nga tanët gati u përleshën me të burgosurit komunista por u lajmërua dhe erdhi komandanti i burgut e mbajti një fjalim të rreptë kundra komunizmit, vetëm atëhere e kuptuam neve që qeveritarët grekë me anën e zvarritjes tonë nëpër burgjet deshën t'i tregonin popullit të vet që posa kishte dalë me triumf në luftën civile që bënë me guerilet komuniste, se sa të meta të mëdhaja kishte në anën maksiste-leniniste.

Nga Athina kur na morën me kamion na thanë se po na shpinin në kampin e refugjatëve, Lavrion. Në kampin e Lavrionit gjetëm shumë shqiptarë, disa prej tyre kishin rreth 5 vjet që prisnin ndonjë ndryshim e të ri-atdhesoheshin. Kishte në atë kamp dhe patriotë të përmendur si Muharrem Bajraktari, Halim Hodo e Myftar Spahija, që i ishin shtruar jetës së kampeve. Te tjerë intelektualë si Luan Gashi, Abdyl Sino, Adem Selimi Ejup Binaku, Gani Hamiti që zotronin gjuhë të huaja ishin punësuar nëpër zyrat amerikane apo angleze të emigracionit në kryeqytet. Këta zotërinj shpesh nga rrogat e tyre ndihmonin financiarisht pleqtë, familjarët që kishin nevojë e të sëmurët që dergjeshin në kampet e refugjatëve.

Në beharin e pesëdhjetës erdhën shumë të arratisur nga Devolli dhe Erseka në Greqi, bile edhe me grupe. Më arritën në kamp dhe mjaft të njohur, disa prej tyre më dolën miq të vlefshëm: Nafis Kasemi dhe xha Yzeir Muharemi nga Bilishti, xha Sulejman Kalaja nga grupi i Zemblakut bashkë me tre djemtë e tij Bilalin, Alifeminë dhe Dokon, grupi i Kapshticës me Safet

Kutrollin familjarisht dhe Zini Alickollin e posa liruar nga dënimi i burgut disavjeçar në Shqipëri. Me Ziniun e Bilalin mbajta gjithë jetën kontakt me vizita, korrespondencë e telefona, edhe pse emigruam në vende të ndryshme të botës, sepse ata ishin me të vërtetë të llogjikshëm e të sinqertë. Miqtë e ardhur rishtas nga Shqipëria më sollën lajmin fatkeq që pushtetarët e Bilishtit ma kishin internuar mëmën dhe vëllanë - im vëlla vinte në shkollën shtatëvjeçare dhe me mësimet ia shpinte mirë. Kishim shpresë që po të mbaronte shkollën, do të kishim diçka përfitim të gjithë si familje apo për në ato kohra edhe si farefis.

Ndjeva një tronditje të madhe se për gjithë këto fatkeqësira faji ngarkohej dhe mbetej mbi mua, por, për moshën që kisha unë dhe për mënyrën se si ika nga Shqipëria duke mos pyetur asnjëri, ngushëllohesha në vehtvete, se nuk ia merrte mendja njeriut që qeveritarët e asaj kohe do të merrnin masa aq arbitrare e çnjerzore kundër kësaj familje të pa fajshme që s'kishte as një farë dijenije rreth vendimit të ikjes time. M'u mbush mendja plotësisht që Bilishti administrohej nga njerëz të pa skrupullt, servilë të draprit e të çekanit.

Kampi sa vinte e po mbushej me gjithfarë rracash e kombësish të ikur nga Perdja e Hekurt. Ditën ishin të lirë të shëtisnin nëpër rrugët e qytetit por në mbrëmje bëhej apeli nga uniformat dhe mbylleshin portat e mund të qarkullonin vetem rojet. Në vitin '50 e '51 shumicën e refugjatëve në kampin e Lavrios e përbënim neve shqiptarët se përmblidhnim edhe kosovarët që vinin nga Jugosllavia. Jeta në kampin e refugjatëve ishte bërë mjaft e vështirë dhe as vendbanimi nuk ishte i përshtatshëm për të jetuar. Aty këtu prej disave shfaqeshin dhe moskënaqësira, por lumtërisht, midis neve emigrantëve kishte disa burra adapt e të vojtur nëpër burgjet e kampet e regjimeve komuniste dhe gjithnjë këshillonin durim për një të ardhshme më të mirë.

Në vitin 1951 u hap në Athinë një degë e Komitetit Kombetar "Shqipëria e Lirë" dhe si përfaqësues erdhi nga Roma, antari i Komitetit z. Isan Toptani. Ky përfaqësuesi i Komitetit dhe Prof. Luan Gashi, nëpunës i një organizate bamirse amerikane dhe përfaqësues i Ballit Kombëtar si dhe z. Mahmut Memishaj, pa parti, vinin shpesh nga Athina për të vizituar kampin në Lavrion, takoheshin edhe me antarin e Komitetit, që banonte në kamp me ne, Z. Muharrem Bajraktarin.

Në fillim të korrikut 1951, një grup prej 45 të rinj shqiptarë dhe Prof. Halim Hodo, meso-burrë, nga kampi i Lavrionit, dhe dy intelektuale të përmendur, Prof. Ibrahim Kelmendi dhe agronom Adem Selimi, nga Athina, u përcuallën nga përfaqësuesit e Komitetit, me një aeroplan ushtarak amerikan për në zoneë amerikane të Gjermanisë Perëndimore. Ne këtë grup shkuan dhe dy shokët e mi të ngushtë, Zini Myslym Alickolli dhe Alifemi Sulejman Kalaja. Pa këta dy shokë, për mua kampi ku jetonim filloi të dukej mjaft i zbrazët! Jeta e refugjatëve shqiptarë në kampet e Greqisë ishte mjaft e veshtirë e sidomos për udhëheqesat dhe anëtarët e Ballit Kombëtar që predikonin "Shqiperi Etnike". Është po kjo arsye që shqipëtarët ishin të gatshëm të largoheshin nga kampet e Greqisë për në vende të tjera ku të kishin fushë më të lirë për të luftuar komunizmin nën udhëheqjen e Komitetit që kish formuar Mid'hat Frashëri apo edhe për kryerjen e dokumentave më lirisht për të emigruar në Botën e Lirë, në rast se priteshin shpresat për kthim në vendlindje.

Një ditë z. Skënder Dume, na hoqi në një anë mua e Doko S. Kalanë dhe duke shëtitur na tha se kërkohen dy djem të rinj nga të Ballit për në mision dhe në qoftë se juve e dëshironi, mbas egzaminimeve medikale, të dy do të ishit të pranuar. Pranuam njëzëri por kërkuam aprovim me shkrim nga i autorizuari i KKSHL ose Qendrorit të Ballit.

Mbas një jave u thirrëm në Athinë nga z. Hill i cili na mirëpriti dhe na dorëzoi letër-autorizimin nga krye shefi ushtarak KKSHL drejtuar: <u>Doko Kalaja dhe Petrit Kello</u>. Z. Hill ishte i pranishëm dhe na porositën të ishim gati se shpejt do të udhëtonim për në Gjermaninë Perndimore.

Në datën 7 gusht 1951, unë, Doko Sulejman Kalaja, ballista, dhe i quajturi Muharem Metolli, legalist, me aeroplan ushtarak na nisën nga Athina për në Munchen, Gjermaninë Perëndimore. Nga aeroporti i Munchen-it na mori me makinë private një burrë i veshur mirë dhe me nje trup të madh, fliste dhe pak shqip. Na tha se ishte anglez dhe emrin e kishte John Sterling. Mbas disa orësh rrugëtimi arritëm në qytetin Essen, Hanover, zona britanike. Shtëpia ku u strehuam ishte e madhe dhe moderne. Neve që lamë mizerjen e Shqipërisë e të kampeve të Greqisë na dukej sikur ishim në ëndërr! Mbas dy ditëve erdhën edhe 4 shqiptarë nga të Kompanisë 4000 që ishte formuar në Gjermani, në zonën amerikane qysh në fund të 1949-ës.

Më 10 të shkurtit 1951 më transferuan në Kompanine 4000 me adresë Hohennbrun, Munchen, USA-Zone, West Germany. Një ditë në mencën e madhe tek po hanim drekë erdhi dhe u ul ne tryezën mbas meje kryesekretari i Kompanise, z. Njazi Bardha dhe më tha se simbas regjistrimit që kishin mbajtur deri atëhere, në mëse 300 vetave që kanë përshkuar Kompanine deritash, unë isha më i riu në datëlindje nga të gjithë! Kompania ishte me të vërtetë një qendër e shëndoshë, dhe në Gjermani kishte marrë pamjen e një Shqipërie të vogël. Valonte flamuri shqiptar që ç'ke me të. Komandant i Kompanisë ishte major Caush Ali Basho, një nga shefat e Ballit Kombëtar, nën-komandant ishte kapiten Xhemal Laci, perfaqësues i legalistave, kishte dhe mjaft oficera dhe nën-oficera të karrierës qe shërbenin shqiptarisht. Shpesh herë Kompania dhe qendra të tjera të misioneve vizitoheshin nga udhëheqësat e mirë njohur te nacionalizmit si Prof.Abas Ermenji, Abas Kupi etj.

Një ditë të marsit na mblodhën nja 70 veta në sallën e komandës dhe në prezencën e një komisioni amerikan të kryesuar nga kapiten Thomas Mangeli dhe të komisionit shqiptar të kryesuar nga major Caush Basho, na u bë një provim me shkrim se kërkoheshin 6 të rinj, për një kurs gjashtëmujor me inteligjencën amerikane. Nga provimi që dhamë dolën këta fituesa. Nga të Ballit, Haki Mara-Drita, student universitar, Dhimitër Gjergo, student universitar, Petrit Kello, fillorist. Nga të Legalitetit, Ibrahim Kulla dhe Qerim Kulla, fillorista, Xhiovan Luka fillorist ose me pak? Na çuan në një qytet afër Frankfurtit. Hakiu, përveç kursit që bënte me neve, shërbente dhe si përkëthyes anglisht apo gjermanisht. Me shërbimet po vazhdonim mirë por kish filluar një farë dyshimi se punët tona po na sabotoheshin nga dikush me influencë ndër zyrat e inteligjencave te aleatëve perëndimore dhe lajmërohej sigurimi i Shqipërisë nëpërmjet KGB-së sovjetike dhe kështu që luftëtarët e dedikuar per çlirimin e Shqipërisë, binin në grackën e qeverisë komuniste pa-pandehur!

Do të përshkruaj këtu një ngjarje të vërtetë pa përmendur emra.

Një oficer anglez, mik i Shqipërisë dhe që i qante zemra për këtë disfatë që po pësonin shqiptarët e pa fajshëm, pa urdhër nga superiorët, vendosi të dërgojë një grup katër vetash në Shqipëri për ta hetuar gjendjen. Këta zotrinj ishin tre ballista të vendosur nga Vlora dhe i katërti ishte një shoku im, edhe ky ballist, nga një fshat afër Korçës që zotëronte mirë radion transmetuese. Të katër u pregatitën dhe u përcollën për në Shqipëri nga vetë oficeri anglez e destinimi i tyre ishte Dukati, rrethi i Vlorës. Ecën më këmbë dhe arritën në rrethin e Vlorës, bënë takime me të njohurit, qëndruan nëpër malet e kodrat e rrethit duke bërë kontakt dy herë në javë me zyrën e oficerit përcjellës që e zotronte dhe shqipen mirë dhe mbas pesë javësh, me urdhër, u kthyen përsëri në Perëndimin e Lirë pa asnjë incident! Tash u kuptua fare qartë se spiunin e madh e kishim në kryeinteligjencën e atyre që na premtuan çlirim dhe shpëtim! Krye shefi i Ballit ndaloi dërguarjet e ekipeve përderisa të saktësohesh se nga ku dilte sekreti. Kështu që, grupi i ishullit të Maltës që ishin shumica ballista u mbyll dhe të gjithë u shpunë në Angli për të jetuar atje, emigrantë legalë. Me përjashtim të Kryetarit të Grupit, z. Abdyl Sino, që u transferua në kompaninë 4000 shqiptare të Gjermanisë. Ndërsa mua me Hakiun dhe Dhimitrin në Gjermani, megjithëse ishim shume përpara nga mësimet, na veçuan nga grupi dhe na shpunë në qytetin Frankfurt me të drejtë emigrimi për në Perëndim.

U diktua tradhëtia e madhe e spiunit anglez Kim Philby që dëmtoi inteligjencën anglo-amerikane, shkaktoi humbjen e jetëve të mijra njerzve dhe mbas këtij spiunllëku të poshtër, Philby, ia hypi aeroplanit që vodhi nga vendi i vet dhe shkoi në Moskë, tek padronët e tij që e paguan dhe shfrytëzuan për gjithë jetën e tij.

Është krejt e qartë që kriminelët e regjimit të kuq sunduan Shqipërinë duke vrarë, prerë e munduar popullin e pa fajshëm për afro gjysëm shekulli. Por edhe pjellat e tyre, ose janë krejt të çmendur, ose pjesërisht të sëmurë nga koka. Si për tregim, një farë Hasan Luci, që na qenka kapardisur me një libër të quajtur "Veprimtaria sekrete e mërgatës politike shqiptare (1944-1992)". Autorit shpifës të këtij libri i mungon serioziteti kur përzien Mid'hat Frashërin e Madh e Zef Palin me njerzit e UDB-ës! Patriotët e përmendur Abas Ermenjin e Muharrem Bajraktarin me Vorioepirotët etj. etj...!

Unë jam fort njeri i thjeshtë dhe i pa kompromentuar por e kam jetuar dhe çmoj emigracionin edhe veprat patriotike të udhëheqësve Nacionalistë Shqiptarë, prandaj, edhe autorë kuqalashë si shoku doktor Hasan Luci, që hala mundohen të shkruajnë me duart e Enverit e Nexhmije Hoxhës, i konsideroj fallco, se nxinë kartën më kot dhe i sjellin çështjes dhe historisë shqiptare, me tepër dëm se sa dobi!

EMIGRIMI

Babai, që nga Australia, më pagoi biletën e udhëtimit me aeroplan dhe simbas aprovimit të lejes për të hyrë në Australi, qeveritarët gjermanë më lëshuan dhe pashaportën provizore No.0127738 me të cilën u paraqita në ambasaden australiane në qytetin Cologn ku më datën 4 tetor 1952 më dhanë vizën për Australi, e vlefshme për një udhëtim.

Në aeroportin e Frankfurtit A.M. më përcollën dy shokët e mi: Dhimitri me Hakiun. Me aeroplanin e British Airways, të datës 4 nëntor 1952, u nisa për Australi. Udhëtimi ishte i gjatë: Frankfurt-Romë-Bejrut-Karachi-Singapor-Darwin (7 nëntor 1952). Pastaj Sydney-Brisbane-Cairns, me aeroplanë të vegjël. Qëndrimet nëpër stacionet na morën edhe dy ditë të tjera.

Afër mbrëmjes së datës 9 nëntor mbrritëm në aeroportin e Cairns-it. Atje kishin dalë të më prisnin Baba, Axha dhe një djal i hallos, Ismahili. Të tre banonin në një vend mjaft të izoluar që quhej

Emigrant në Australi

Dimbulah, nja 110 kilometra në veri të qytetit Cairns. Merreshin me kultivimin e bimës së duhanit. Dimbulah ishte një qytet me më pak se 200 banorë, kishte 2 dyqane të vegjël, një garazh apo kovaçane, një furrë buke e një kasap. Dyqanet dhe shtëpiat e banimit i kishin nën të njëjtat mbulesa. Edhe unë fillova punë menjëherë në fermën e duhanit, atje kishim dhe vend banimin. Dimbulah ishte 10-12 kilometra larg dhe atje shkonim vetëm një herë ose dy në javë sa për t'u furnizuar. Vitin e parë e pata vështirë sepse lashë stinën e dimrit në Evropë dhe gjeta stinën e beharit dhe të nxehtin me shira tropikale të Australisë veriore! Me sakrifica dhe durim e kalova vitin e parë saqë e shtrova kurrizin si të tjerët, bile edhe më tepër se kisha detyrime më të mëdha sidomos ndaj familjes që kisha lënë në Shqipëri në tërë ato halle. Posa mbrrita dhe zura vend në Australi nisa vazhdimisht letra të thjeshta si për familjen, të afërmit edhe shokët në Shqipëri, që i lajmëroja se isha gjallë dhe kisha ardhur në këtë vend kaq të largët. Letrat, edhe ato rekomande, shpesh na ktheheshin prapë me një shënim: "janë të pa njohur ose nuk përshtatet me nenin 28 të RPSSH". Puna në fermat ishte e rëndë, me ore të gjata dhe vegla primitive. Kali, shati dhe pompa e shpinës për spërkatjen ishin mjetet më të përdorshme për bujkun e asaj kohe në këtë zonë! Neve që familjen dhe atdheun e kishim mbi të gjitha, pranuam këtë jetë primitive dhe larg qejfeve dhe dëfrimeve. Në këtë krahinë deri në vitin 1963 nuk ka pasur as linjë telefonike, as korent elektrik dhe as rrugë të asfaltuara.

Një kushëriri im, Qamil Sadiku, ishte i ardhur nga Shqipëria dhe i stabilizuar mirë qysh më 1936 në qytetin York, Australia perndimore. Yorku ishte 8 mijë kilometra larg nga ku banoja unë. Ishim në kontakt vetëm me letra. Qamili shkoi në 1954 në Greqi, dhe atje u martua me ndermjetësi me një vajzë shqiptare, Myrvete Kondi, që posa ishte aratisur nga Shqipëria bashkë me vëllanë Hamdi Kondi dhe me motrën e saj, Donika apo Desdemona Kondi. Qamili, si qytetar australian me gjithe nusen u kthye shpejt në Australi dhe mbasi kryen dokumentat të rregullta simbas ligjit australian sollën këtu dhe Hamdiun me motrën e vogël, Donikën.

Unë kisha korrespodencë të rregullt me këto familje dhe shkova i vizitova e ndenja ca kohë në York sa u njohëm edhe më mirë. Erdhi dhe im atë nga Dimbulah dhe në prezencën e të dy palëve shpallëm fejesën time me Donika Kondi.

Më 15 korrik 1956, në zyrën e gjendjes civile, York W.A., hodhëm kurorë martese zyrtarisht dhe mbas disa ditëve shëtitje nëpër disa qytete të Australisë, u kthyem në fermën tonë në Dimbulah, ku na priste shati dhe buhitja bujqësore!

Formuam familje dhe kemi lindur 5 femijë:

Emigrant në Australi

Lirim - datëlindja 14/08/1957, me shkollë të mesme, bujk.

Albert - datëlindja 28/12/1958, me universitet, nënpunes zyrtar.

Agron - datëlindja 14/03/1960, me shkollë të mesme, bujk.

Luljeta - datëlindja 05/09/1962 me universitet, mësuese.

Dita - datëlindja 15/06/1971, me universitet, nënpunëse ne Universitetin e Sydney.

Në rrethin Dimbulah-Mareeba, ku ishte zona më e mirë në Australi për rritjen e duhanit, këtu kishim dhe një komunitet të mirë shqiptar dhe gati të gjithë merreshin me rritjen e të njëjtit prodhim. Kishim kontakte të mira me zyrtarët dhe vendalinjtë australiane edhe me komunitetin italian që përbënin shumicën e fermerëve të duhanit. Fëmijët po na rriteshin dhe djemtë njëri pas tjetrit filluan shkollën. Na e deshi puna që edhe neve si prindër të aktivizoheshim me këshillat shkollore, ku ndihmoheshin dhe mësuesit me ndonjë farë pune vullnetare. Në takimet e shpeshta që bëheshin flisnim vetëm anglisht dhe për më kollaj e gjetën që emrat na i shkurtuan për t'iu afruar anglishtes, p.sh. në vend të Petrit me thirrën Peter dhe në vend të Donika e thirrën Donna. Në regjistrimet zyrtare kemi mbajtur emrat e vërtetë, Petrit dhe Desdemona.

Në fermat puna na shkonte mirë dhe sa vinte po e ngrinim ekonominë duke përmirësuar jetesën, modernizuar veglat e punës dhe duke krijuar mundësitë për t'i ndihmuar dhe familjet në Shqipëri, duke ditur që atje familjeve të persekutuara edhe lakrat u shiteshin me kandarin e farmacistit!

Në vitin 1966 unë hoqa një krizë shëndetësore ku mjekët më gjetën një difekt në stomak dhe sugjeruan operacion! Për këtë m'u desh të vija në spital në Brisbanë, 2000 kilometra larg, se aty ishin mjetet e përshtatshme. Në shtator me aeroplan për në Brisbane më shoqëroi Donna me Luljetën 4 vjeç, ndërsa të 3 djemtë vinin në shkollë dhe i lamë nën kujdesin e tim kushëriri Ismailit, i cili banonte me familjen e tij në Mareeba, 40 km larg nga Dimbulah. Ismaili i çonte djemtë tanë në shkollë çdo mëngjes dhe i merrte mbas dite.

Në Brisbanë fjetëm një natë në hotel, dhe të nesërmen simbas letrave mjekësore unë u shtrova për operim në "Matter Hospital" ndërsa Donna me vajzën shkuan në shtëpinë e familjeve fisnike Feti dhe Hysni Meka. Si vëllezërve Meka ashtu dhe kushëririt Ismail u kam qenë shumë mirënjohës gjithë jetën se me të vërtetë m'u ndodhën pranë kur m'u paraqit nevoja, por kane qenë gjithnjë shtëpi të hapura për neve. Donna me vajzën qëndroi me familjet Meka në Brisbanë 3 javë dhe u kthye në Dimbulah, ndërsa unë qëndrova dhe dy javë mbas tyre për të vazhduar kurimin dhe përfundimisht u mblodhëm në shtëpi.

Atë vit e kaluam punën e bujqësisë me mundime por edhe me debate brenda familjes që a duhet të vazhdonim me bujqësinë apo të shisnim ç'ka kishim e të ndërronim profesion!

Më në fund e pamë të arësyeshme shpërnguljen nga kjo krahinë.

Në maj 1967 e shitëm fermën me gjithçka përmbante dhe vendosëm si familje të shkonim për të jetuar në Brisbanë.

Në muajin korrik 1967 shkuam e u vendosëm familjarisht në shtepinë tonë që patëm blerë në Brisbane. I regjistruam dhe femijët në një shkollë aty afër dhe filluam njëfarelloj jete qytetare tjetër nga ajo që kishim bërë deri tani. Erdha rrotull për disa javë sa u stabilizuam dhe mbasandaj zura një punë në fabrikën e gomave e mbas një viti u punësova në depon ku shitej duhani që vinte nga fermat e rajoneve të ndryshme.

Nga viti 1958 paska qenë hapur një zonë e re për të rritur duhan, ky rajon ishte vetëm 70-80 km larg nga Brisbanë. Atje kishte shkuar mbillte duhan dhe Hamdiu, vëllai i Donnas, ku shkonim dhe neve shpesh për vizitë. Një ditë na u mbush mendja mbas 3 vjet jetese në Brisbanë, shkuam e blemë edhe neve një fermë të vogël në vendin e quajtur Beerwah dhe në fillim të vitit 1970 transferuam dhe femijët nga shkollat e Brisbanit në shkollat e Caboolture-Beerwah. Që në janar 1970 e deri më 5 maj 2005 kemi jetuar e punuar në Beerwah. Aty nga viti 1975 bashkia e vendit pati mirësine dhe rrugicës që kalonte krahas fermës sonë i vuri emrin Kello Road (Rruga Kello).

Në mezin e vitit 1976 erdhi në Australi nga Amerika, për të vizituar emigracionin shqiptar, z. Sulejman Meço. Ky njeri sa i mësuar dhe aq patriot shëtiti nëpër gjithë shqiptarët e Australisë e na mbushi plot dëshirë e shpresë se nga goja e tij dilnin vetëm fjalë këshilluese që na bënin edhe më të dobishëm si për vendlindjen tonë ashtu dhe për vendin ku jetojmë.

Këtu në shtetin e Queensland-it, Australi, një rol të rëndësishëm për çështjen kombëtare shqiptare e ka lojtur dhe veterani ballist e patriot i shquar z. Refat Hyseni. Ky zotni posa mbrriti në këtë vend të begatshëm (më 1955) bashkëpunoi me neve dhe ia filloi punës për t'i bashkuar shqiptarët rreth Kuq e Ziut, dhe me pasion, flakë e urtësi i shpegoi shqiptarve të ardhur para lufte se as sëpata e liktorit as ylli i robërisë nuk kishin vend mbi FLAMURIN e Gjergjit, të Malos e Lumos.

Aty këtu hasëm dhe ne kundërshtime, se pati dhe asi njerzish të helmuar nga prapaganda e qeverisë së Enver Hoxhës, por dhe atyre u dolli boja se mbaheshin vetëm me gënjeshtrat e shpifjet e nepërkës së kuqe.

Një Shoqëri Shqiptare e formuar qysh më 1942, me qendër në Brisbanë, ka festuar gjithnjë Ditën e 28 Nëndorit, në emër të komunitetit shqiptar dhe midis të tjerëve kanë shërbyer për shumë vjet si kryetar, nacionalistët e pa lodhur Hysni Meka dhe Refat Hyseni. Tani është kryetar z.Avdyl Isa Kranji.

Është fatkeqësi e madhe, për shqiptarët e Australisë, thotë 87-vjeçari Refat Hyseni, që edhe sot e kësaj dite, Qeveria shqiptare nuk ka mundur të na dërgojë një përfaqësi zyrtare që së paku të na lehtësojë dokumentet e udhëtimit për në vendlindjen tonë!

Po në këtë vit shkova në Zelandën e Re. Takova dhe disa shqiptarë por më e rëndësishme ishte vizita e Matuekes, afër qytetit Nelson. Në këtë krahinë fermerët e Zelandës kultivonin afro 6 milion kg duhan dhe shkova për një vizitë në zyrën e duhan-rritësve dhe bashkë me një agronom të asaj zyre vizituam disa ferma ku rritej dhe klasifikohej duhani. Ishte interesante se blerësit ishin po të njëjtit përfaqësues të kompanive që blinin duhanin në Australi.

Në tetor 1977 bëra disa rrugëtime të tjera në Amerike, Kanada, Angli, Suedi, Austri dhe Itali.

Ky udhëtim ishte krejt privat për të takuar miq, shokë dhe dashamirës që kisha njohur si në Shqiperi ashtu dhe nëpër kampet e refugjatëve të Evropës.

Me datën 12 tetor, me aeroplan direkt Sydney-San-Fransisko mbas 12 orë udhetimi arritëm në San-Fransisko dhe shkova direkt në hotel. Atje qëndrova dy ditë ku dhe erdhi e më mori z. Mustafa Bushati në shtëpi dhe së andejmi, bashkë me miqtë që i kishin ardhur nga Detroiti dhe Toronto, midis tyre dhe z.

Ekrem Bardha, të gjithë shkuam në qytetin Lake Tahoe, Nevada State. Z. Bushati na kishte zënë një hotel modern ku qëndruam për 3 netë ndër sehiret dhe theatrot më të mira. Të gjithë sa ishim u kthyem në San-Fransisko në shtëpinë e familjes Bushati edhe për dy ditë të tjera ku me të vërtetë e shijuam mikpritjen tradicionale.

Me datën 19 tetor shkova në qytetin Los Angelos, Kaliforni. Atje, simbas rekomandimeve qe kisha, mora kontakte me bashkfshatarët e mi, Hiqmet dhe Itabe Isufin dhe Myfit Hilmi Uzhurin. Kaluam disa ditë duke shëtitur dhe parë vende interesante.

Më 21 tetor shkova në Toronto, Kanada. Atje më priste shoku im i vlefshëm, Zini Alickolli bashkë me zonjën e tij Hillda dhe vajzën Sonia. Me familjen Alickolli qëndrova një kohë dhe së bashku vizituam shumë miq e të njohur si në Kanada dhe në Amerikë. Në Kanada, duke filluar që nga qyteti Toronto e deri në qytetet London dhe Windsor, kishte fusha të bukura ku rritesh duhan. Shkova e qëndrova dy ditë ku ishte mjaft interesante rritja e kësaj bime dhe përfitova mjaft nga metodat e tyre. Në Detroit na u dha nje darkë e madhe nga Vëllazëria Bardha si për mua ashtu dhe për z. Fevzi Postena që kishte ardhur vizitor nga kompania shqiptare e Gjermanisë.

Detroiti me rrethe kishte mjaft shqiptarë me të cilët ishim njohur qysh në jetën e kampeve. Atje kishte qendrën dhe Z. Sulejman Meço i cili ishte dhe përfaqësues i Ballit Kombëtar.

Shkova në New York dhe Waterburry Con., se dhe atje pata shumë të njohur qysh nga Shqipëria ashtu dhe prej jetës nëpër kampet e refugjatëve. Kam shumë kujtime të mira nga mikpritja mallëngjyese që më është bërë por nuk dua të zgjatem për t'i përmendur dot të gjithë. Në New York kalova mjaft kohê me dy shqiptarë të moshuar dhe patriotë të dedikuar për çështjen kombëtare. Keta ishin xha Alo Mujo Luarasi dhe xha Ismail Shefqet Kadiu. Shkova prapë në Toronto, atje ku e kisha qendrën tek familja Alickolli.

Më 28 tetor u dhashë lamtumirën Ziniut dhe shqipetarëve nga aeroporti Toronto për në Londër. Në Angli qëndrova vetëm 4 ditë. Atje u bashkova patriotin e shquar Z. Skënder Dume Starjen. Me këtë zotni ishim të njohur më së afërmi se kishte shërbyer dhe si nën-prefekt në vendlindjen time, Bilisht.

Më 2 nëntor 1977 via Kopenhagen, arrita në Malmo të Suedisë ku më priste Xhemil Halili, kushëri i parë i Donnas. Në Suedi qëndrova 4 ditë dhe prej atje shkova ne Austri.

Në Vjenë më priti z. Abdyl Sino, luftëtar, anti-komunist dhe mjaft i shkolluar. Njiheshim qysh në Shqiperi e Gjermani, kishte qenë një nga organizatorët e çetave të Ballit që luftuan trimërisht kundër italianëve dhe komunistëve gjatë luftës civile, kur komunistët hapën vëllavrasjen në rrethin e Korçës dhe sidomos në Devollin e sipërm.

Abdyli bashkë me kolegun e tij z. Viktor Cami punonin si nënpunësa në ambasadën amerikane në Austri. Gjatë 4 ditëve që qëndrova në Vjenë, Abdyli më shëtiti në vende historike. Më e rëndësishme për mua ishte muzeumi i Vjenës ku gjendej shpata dhe helmeta origjinale e Skënderbeut të Madh.

Me një aeroplan të dates 10 nëntor u nisa nga Vjena për në Romë.

Në Romë kisha zënë vend në hotelin Cordiniale. Prej hotelit kontaktova Z. Prof. Vasil Andonin i cili kishte dijeni për vajtjen time andej. Z. Andoni më dha dhe lajmin e hidhur që kishte vdekë Prof. Zef Pali, i goditur nga një makinë taksi, duke shkuar në punë. Në Rome po grumbulloheshin shqiptarë nga gjithë anët për varrimin. Mbas disa bisedimeve me Komitetin në Amerikë u vendos që trupi i Prof. Palit të shpihet në Amerikë e të varrosej pranë Mid'hat Frashërit. Mori disa ditë kohë për kryerje dokumentash dhe simbas rregullave diplomatike trupi u përcuall për në New York ku dhe u varros atje me shumë nderime.

Më 26 nëntor u nisa direkt nga Roma për në Australi, transit Londër-Singapor-Brisbanë.

Fundi i nëntorit 1977 më gjeti në Beerwah, Australi, pranë familjes ku dhe punët e fermës nën kujdesinë e djalit të madh ishin shkuar fare mirë dhe mua më fjeti mendja që Lirimi e kishte përvehtësuar tamam si duhet profesionin e bujqësisë (rritjen e duhanit dhe perimoreve). Ferma që kishim në Beerwah nuk kishte tokë të mjaftueshme për ta mbajtur dhe Lirimin me punë, prandaj vendosëm dhe blemë një fermë tjetër duhani në Elimbah, 15 kilometra larg nga Beerwah. Të organizuar mirë dhe me punën e rregullt të Lirimit i dirigjonim të dyja fermat për mrekulli.

Në mbledhjet e shpeshta që bënin fermerët në prezencë të delegatëve të zyrave bujqësore më kishin sugjeruar disa herë që të vija kandidaturën për t'u zgjedhur në këshillin e përgjithshëm të duhan-rritësve.

Në fillim të tetorit 1978 fermerët e këtij rajoni më sollën një aplikacion të firmosur nga 12 duhan-rritës ku më propozonin të vija kandidaturën për në Bordin e duhanit dhe, pasi e pranova, u dërgua në zyrën e ministrisë së bujqësisë. Votat u bënë me shkrim gjatë muajit nëntor në gjithë shtetin e Queensland-it dhe më 28 nëntor u numuruan në zyrën e ministrisë së bujqësise në Brisbanë. Për çudi rezultatet e votave për këtë rajon, dolën me 69% në favorin tim. Votimet bëheshin çdo 3 vjet dhe unë e mbajta këtë pozitë për 15 vjet, duke më votuar çdo 3 vjet.

Megjithqë punët e bujqësisë dhe marrëdhëniet e industrisë së duhanit më mbanin të okupuar, asnjëherë nuk u larguam nga komuniteti dhe shoqatat shqiptare, si për takime piknikësh dhe festën e 28 nëntorit. Me shumë vështirësi të madhe mbanim dhe kontakt me familjet në Shqipëri. Jo vetëm pakot por dhe letrat na ktheheshin, por dhe konfiskoheshin pa ditur gjë të afërmit se ç'po ndodhte.

KTHIMI

Në vitin 1988 mora një letër nga prindërit ku më thoshin midis të tjerave se nga Greqia kanë filluar të dërgojnë frigorifera dhe orendi shtëpie, dhe mundësisht dërgona diçka!

Një ish komshia im i quajtur Athanas Poulicas, qëlloi për vizitë në Greqi dhe mbas një bisedimi telefonik i dërgova dhe pare të mjaftueshme, e kështu m'i nisi familjes me aeroplan, Athinë-Janinë-Tiranë, 1 frigorifer dhe një stufë elektrike. Komshia, Athanasi, vendosi t'i bënte një vizitë familjes Kello në Bilisht dhe me dy grekë që shkonin në Shqipëri për tregti, mori vizë nga ambasada shqiptare dhe Athanasi e u nisën me makinë që nga Janina nëpër malësinë e Këlcyrës atje. Arritën në hotelin e turizmit të Korçës. Tregtarët grekë shkuan në Pogradec, Tiranë e Durrës për biseda me zyrtarët dhe u kthyen mbas tre ditëve në Korçë për ta marrë pasagjerin. Athanasin, jo vetëm që nuk e lejuan të shkonte për vizitë në Bilisht, por s'e lanë as të shëtiste nëpër Korçë! Si përfundim të gjithë u kthyen

Emigrant në Australi

shëndoshë e mirë në Greqi po në atë drjetim nga kishin vajtur.

Frigoriferin dhe stofën, familja e kishte pranuar por me taks doganore të rënduar. Dërguam dhe nga Australia tesha, vesh-mbathje dhe orendi shtëpie, të cilat i pranonin por me pagesa e korrupsion doganor, gjëra që i mësuam më vonë.

Më 1 të marsit 1990 mora mandatin telegrafisht nga vëllai se Baba kishte vdekur dhe më 2 mars varrosej në Bilisht.

Nga mesi i vitit 1990 filluan të na bënin telefona direkt, më tepër nga postat e qyteteve. Pati raste të shpeshta që na bënin thirrje për të vizituar vendin se disi po zbutesh situata për të gjithë si turista! Mëma, nga Bilishti, kishte shkuar për mjekime në Tiranë dhe me telefon më bëri lutje të vija sa më parë ta shihja se ishte e moshuar dhe e sëmurë. I premtova se do bëj çmos për t'ia plotësuar dëshirën. Mora guxim dhe fillova nga formalitetet, si nxjerrje pashaporte e të tjera, për një udhëtim rrotull botës.

Po afrohej viti 1991 dhe për të vënë në vend dëshirën e Mëmës, pagova dhe biletën me aeroplan, të hapur, për të udhëtuar nga Australia-Singapor-Athinë-Frankfurt-Toronto-LosAngelos-Singapor-Brisbanë.

Disa herë i telefonova ambasadës shqiptare në Athinë për t'i marrë mendimin nëse do të më jepesh vizë si turist për të hyrë në vendin tim! Më në fund mora një përgjigje të lëkundur dhe është po kjo arsyeja që biletën e mora për të parë botën.

Në shkurt '91 e përmbysën monumentin e diktatorit famëkeq në Tiranë dhe kjo më inkurajoi, i hipa aeroplanit dhe më 2 prill zbrita në Athinë, i lashë teshat në hotel dhe me taksi shkova në ambasadë ku kërkova sekretarin, Demir Kambo, me të cilin kishim folur në telefon. Qëndrova në hotel dhe më datën 6 prill 1991 më dhanë vizën Nr.973/91. Sekretari ishte i sjellshëm, të tjerët m'u dukën abrapta, paraqitja zyrtare nuk i përngjante aspak perëndimorëve ku deri në atë kohë kisha jetuar afro 43 vjet. Më datën 10/04/1991 hyra në Shqipëri, posta Kapshticë. Atje më takoi vëllai, Irfani. Tani isha vetëm 4 kilometra nga vendlindja. Megjithëse një nga nënpunësat m'u prezantua si i njohur, prapseprapi më hipi një hije e rëndë se portreti i Enver Hoxhës ishte i ngrehur. Rojet dhe nënpunësat doganorë u suallën mirë dhe kontrollimi ishte pa asnjë incident. U nisëm për në Bilisht, me një farë taksie që kishte pamjen e një xhipi të vjetër ushtarak. Më vonë e mësova që ajo ishte e vetmja taksi që i shërbente Bilishtit dhe 48 katundeve të Devollit!

Mbas pak minutave arritëm në Bilisht, në shtëpi ishte Mëma që e kisha lënë 40 vjeçare dhe e gjeta në moshën 83 vjeçare! Baba kishte vdekur një vit më parë! Një shumicë e madhe nga të farefisit, miqësisë dhe të njohurve vetëm sa i përfytyroja por kishin shkuar atje ku nuk ktheheshin më! Ishte pra një vizitë me gjysmë vlere! Mëma nuk m'i hiqte sytë dhe unë nuk i ndahesha se më dukesh sikur nuk kisha mundur të bëj detyrën sa duhet ndaj prindërve kaq të shumë-vojtur!

Prej nënës dhe vëllait mësova mbi vuajtjet e tyre mbas arratisjes sime. Në 9 maj 1950, ata ishin arrestuar dhe dërguar në kampin e internimit në Kamëz të Tiranes. Në 10 qershor kampi ku ata mbaheshin ishte transferuar në Cërrik të Elbasanit. Në shkurt 1952 nënën e çuan në kampin e internimit të Tepelenës dhe vëllain në fabrikën e tullave Tiranë. Në janar të vitit 1953 nënën dhe vëllain i transferuan përsëri, këtë radhë të dy në kampin e internimit të fermës Plug në Lushnjë. Në datën 2 maj 1956 ata ishin liruar si rezultat i një amnistie, dhe në 9 maj 1956 që të dy, nënë e bir, ishin kthyer në vendlindjen e tyre Bilisht.

Qëndrova me të afërmit rreth 5 javë dhe më 20 maj 1991 dola në Greqi, nga Kapshtica.

Nga Follorina shkova me autobus në Athinë ku qëndrova dy ditë derisa rregullova vendin në aeroplanin me të cilin shkova ne Frankfurt, Gjermani.

Nga Frankfurti shkova në Toronto, Kanada më 24 maj 1991. Në Kanada me Ziniun dhe familjen e tij vizituam, për rreth një muaj, shokë, miq dhe të afërt më të dy anët e kufirit Kanada-Amerikë. Meqenëse në Australi ende merresha me rritjen e bimës së duhanit, shkova për të parë edhe industrinë e duhanit në

Kanada dhe Amerikë se me të vërtetë përvetësoja diçka më shumë nga eksperienca e andejshme.

Më 26 të qershorit 1991 u ktheva në Australi. Lumtërisht, punët i gjeta në rregull dhe ia filluam zanatit të bujqësisë si më parë.

Më 5 dhjetor 1991 më mbërriti një telegram ku më lajmëronin dhe vdekjen e Mëmës. Ishte një tjetër rast hidhërimi, se na u duk sikur u hapën rrugët dhe do të shkonim në Shqipëri për t'u çmallosur më shpesh me të afërmit.

Më 1993 shkova përsëri në Shqipëri dhe në aeroportin e Rinasit më priti vëllai Irfani me djalin e tij Gëzimin dhe dhëndërin Sabahun. Shkuam direkt në Bilisht, atje ku kishim dhe themelin e të parëve. Kjo ishte vizitë mjaft tronditëse për mua se po përqafohesha e ngushëllohesha reciprokisht me vëllanë e familjen e tij për Mëmën që kishte mbyllur sytë për herën e fundit qysh në fillim të dhjetorit 1991. Plaka e nderuar më kishte thënë me gojën e vet se Irfani me familjen e tij ka kapërcyer ditë të vështira për të na lehtësuar mjerimet e pleqërise sonë. Është po kjo arsye që unë po radhit dhe këto rreshta të posaçme për të çfaqur mirënjohjen ndaj vëllait dhe familjes për shërbimin e mirë që i kanë bërë, në mungesën time Babës dhe Mëmës, vjehrit dhe vjehrës, gjyshit e gjyshes.

Në Bilisht pritëm e përcuallmë për disa ditë miq, të afërm dhe fshatarë. Shëtitëm dhe miqtë në Elbasan, Tiranë, Lushnjë, Konispol e gjetkë.

Emigrant në Australi

Gjendja ishte qetësuar deri diku dhe unë i bëra thirrje,Donnas, të vinte edhe ajo nga Australia per t'u njohur dhe ajo me farefisin dhe sidomos motra e saj e moshuar Sanija, në Konispol, e kërkoi posaçërisht për ta parë, kështu mbas nja 3 javësh mbërriti dhe ajo në Rinas, Tirane bashkë me Agronin.

Në hotelin Dajti, për dy ditë, pritëm miqtë nga të dy anët dhe prej andej shkuam në Konispol dhe Sarandë, vazhduam në Bilisht dhe fshatra, Elbasan, Tiranë dhe më 9 korrik unë dhe Donna lamë Rinasin e arritëm në Brisbanë më 11 korrik 1993.

Agroni gjatë qëndrimit në Shqipëri erdhi në marrëveshje dhe u martua në Korçë me Vera Pepellashin por patën vështirësi dhe për të marrë vizën nga ambasada australiane iu desh të shkonin në Athinë.

Më datën 6 shtator 1993 u nisa dhe unë për në Athinë duke pasur me vehte disa shkresa garantuese dhe më datën 9 shtator morëm vizën e Verës nga ambasada australiane dhe u nisëm të tre me taksi nga Athina për në Follorinë dhe prej andej me tjetër taksi për në kufi të Shqipërisë, nga Kapshtica. Atje na priste vëllai, Irfani, ardhur nga Bilishti. U suallëm pak ditë në Bilisht e Korçë dhe shkuam në Tiranë një grup njerzish që përcuallëm për në Australi të posa-martuarit, Agron dhe Vera.

Unë i shoqëruar dhe nga im vëlla Irfani qëndruam në Tiranë ku morëm dhe pjesë në Kongresin e 8-të të

Partise së Ballit Kombëtar që u mbajt më 17 dhe 18 Shtator 1993.

Kongresi ishte pregatitur shumë mirë dhe punimet shkuan jashtzakonisht në rregull. Atje takuam shumë nga veteranët ballista të ardhur nga Gjermania, Amerika, Kanadaja dhe vende të tjera që ishim të njohur qysh në vjetët e para të emigracionit.

Më 1 tetor 1993 u nisa nga Tirana për në Australi. Në Romë qëndrova për dy ditë se shkova ta vizitoj posaçërisht Profesor Vasil Andonin. Me taksi shkova nja 100 kilometra jashtë Romës, ku ishte shtruar në një spital të pleqve, taksia më priti për disa orë dhe u kënaqëm duke folur me Profesorin, se megjithëse i sëmurë dhe lart nga të nëntëdhjetat, ishte i mprehtë, plot ndjenja patriotike dhe fliste po me atë shpirtin e një kryeudhëheqësi të denjë! Në mbasditen vonë, i lashë lamtumirën Profesorit e me taksistin u ktheva në hotel në Romë.

Më datën 3 tetor, herët në mëngjes, me linjën Alitalia, u nisa për në Australi.

Mbrrita në Brisbanë më datën 6 të tetorit 1993 e me kënaqësi u grumbulluam në shtëpi dhe mbas disa ditëve bëmë edhe këtu dasmën e Agronit dhe Verës ku mblodhëm me kënaqësi në fermën tonë, shumicën e të njohurve dhe komunitetin shqiptar të Brisbane-it e të këtij rajoni.

Emigrant në Australi

Këtu në Australi vazhdojmë me punët tona të përditshme duke kultivuar tokën simbas metodave të vendit ku jetojmë.

Në vitin 2004 qeveria australiane me ligj parlamentar ndaloi rritjen e duhanit në këtë kontinent dhe e importojnë nga jashtë. Ky vendim i paparashikuar shkaktoi humbje financiare për fermerët që ishin marrë me këtë industri.

Komunizmi u gremis qysh më 1990, komunistat ose pasardhësit e tyre që morën pushtetin në dorë dhe vazhdojnë të qeverisin vendin nën maskën e demokracisë, i kanë dhënë popullit një farë lirie të çregullt, janë duke bërë dhe reforma të prapa pa marrë në konsideratë pronarët realë! Fakti është që rrugët u hapën dhe kushdo që dëshiron mund të hyjë e të dali në Shqipëri lirisht.

Në vitin 2005, vendosa e dolla dhe një herë rrotull botës. Alberti na pagoi biletat mua dhe vajzës së tij, Sabries. Më 8 shtator u nisëm nga Brisbanë me aeroplan dhe arritëm në Londër më 10 shtator. Atje na priste Alberti. Mbasi qëndruam dy ditë në Londër, Alberti me vajzën shkuan për të shëtitur Europën ndërsa unë shkova në Shqipëri via Roma.

Më 12 shtator arrita në Tiranë. Në aeroportin e Rinasit më priti im kushëri Mërgim Kello me djalin dhe dhëndrin e tij. Me familjen e Mërgimit ku qëndrova për disa ditë u radhitën edhe vëllezërit e tij Idaeti,

Shkëlqimi, Fatmiri dhe motra, Teuta me familjet që banojnë të gjithë në Tiranë.

Erdhi nga Bilishti në Tiranë mbesa Benereta me burrin e saj Sabah Martinaj e më morën me makinën e tyre. Në Bilisht qëndrova 4 ditë. Sabahu me makinën e tij më shpuri në Korçë edhe në disa fshatra të Devollit ku kishim dhe farefis të shpërndarë. Shëtitëm edhe me kushërinin, Bashkim Shehu, vizituam Tylben e Teqesë dhe disa qendra të tjera.

Sabahu, me makinë më shoqëroi deri në Elbasan. Atje na priste kushëriri Gazmor Kello me familjen. Në Elbasan qëndrova dy netë dhe prej andej shkuam në Tiranë tek Mërgimi dhe Idaeti. Me Idaetin vizituam familjen e kushëririt Nehar Voci në Yzberisht dhe prej andej shkuam e pamë kushërinjte Nexhmi e Remzi Bylykbashi në rrethin e Sukthit.

Më 26 shtator 2005 lashë Shqiperine, nga Roma, për Amerikë dhe Kanada. Me datën 27 po të shtatorit arrita në Amerike ku në aeroportin e Detroitit më priste Irfani me Gëzimin. Në Detroit Gezimi posa kishte blerë një shtëpi dhe aty jo vetëm që u çmallosëm me njëri-tjetrin por edhe u çlodhëm e rehatuam për pak ditë. Prej Detroitit, me aeroplan, shkova e vizitova në New York, kushërirën e parê Shpresën e burrin e saj Vebi Bejlerin dhe krejt familjen e tyre. Atje erdhën mbas dy ditëve, bashkëfshatarët dhe të afërmit e mi nga New Jersey, e më morën: Jashar dhe Skënder Meka. Me familjet Meka kalova disa ditë plot kujtime por më prekëse ishin bisedat tërheqëse me babën e tyre të shumë vojtur nga diktatura e kuqe, Z. Selami Meka.

U ktheva prapë në Detroit dhe Windsor të Kanadasë ku kaluam duke u çmallur deri në fund të tetorit me familjet, Kello, Shehu, Berberi etj. Në javën e parë të nëntorit, via Singapor, u ktheva prapë në Australi.

Një tjetër udhëtim jashtë Australisë: 2008

Alberti kishte ardhur nga Anglia për pushime e për t'u çmallur me neve të gjithë. Nga këndej do të shkonte për pak ditë me punë në Amerikë dhe nga andej do të kethehej në Londër ku e ka punën prej disa vjetësh. Alberti me sugjeroi që të shkoj edhe unë deri në Amerikë për t'u parë me vëllanë dhe familjen e tij, se kishim 3 vjet pa u parë. Ai s'priti as sa të mendoshim për këtë punë por shkoi dhe mori biletën për mua që të udhëtonim së bashku! Biletat me aeroplan ishin Brisbanë-Los Angeles-Las Vegas-Detroit.

Më 2 të gushtit 2008 arritëm në Los Angeles dhe me një aeroplan më të vogël shkuam në Las Vegas. Këtu Alberti na kishte zënë hotelin "Luxsor" për 3 netë. Gjëja shumë interesante për mua ishte shkuarja me helikopter të nesërmen nga Las Vegas për në Grand Canyon. Atje pamë malet e lartra dhe vende të pashkelura kurrë! Ishin 5 helikopterë të mbushur me turistë. Shumica e tyre prej hotelit "Luxsor", u transportuan në aeroportin e qytetit dhe u vunë në helikopterët që do të shkonin njëri pas tjetrit. Ne majrat e një mali kishin rrafshuar disa sipërfaqe të vogla sa të zbrisnin helikopterët. Në majën e malit turistët pushuan pak, na dhanë dhe një farë dreke dhe pije të freskta dhe në kthim shkuam sipër rezervatit më të madh që ekziston në gjithë botën. Mjaft të lodhur por edhe të kënaqur nga panoramat e çuditshme që shikuam nga qelli, u kthyem në hotel.

Më datën 5 të gushtit shkuam në Detroit, atje na prisnin Irfani me Gëzimin dhe Edmondi dhe të gjithë së bashku u mblodhëm në shtëpinë e Mondit dhe Lidës. Lida dhe Mondi me djemtë kishin pregatitur një darkë me të gjitha të mirat dhe kaluam një natë të kënaqshme. Qëndruam në shtëpine e Gëzimit 3 netë dhe pasandaj u hodhëm në Kanada ku e kishte më tepër qendrën Irfani. Në apartamentin që kanë Irfani me Myrseten banonte dhe nusja me djalin si dhe Gëzimi kur vjen nga Amerika. Erisi, djali i Gëzimit, plotesoi një vit dhe me atë rast i kremtuam dhe datën e një vjetorit të lindjes. Grumbullimi i familjeve dhe ceremonia e ditëlindjes u bë në restorantin e Isa dhe Merita Berberit. Isai dhe Merita megjithë ndihmsat që pregatitën dhe mbushën tryezat me mishra të pjekura dhe gjellra nga më të mirat, meritojnë lavdërime.

Momenti më i hijshëm në atë mbrëmje ishte kur Irfani me Erisin në krahë dhe Gëzimin përkrah tyre dolën në fotografi, pamje treshe që përfaqëson tre breza. Ishte një natë shumë e gëzueshme se ndonse në mërgim e në dhe të huaj, prapseprapë, traditat e zakonet e mbajtura plotësisht si përpara vlerësojne jetën dhe të bëjnë krenar mbi racat e tjera.

Alberti, mbas këtij ziafeti, u përshëndet me ne të gjithë dhe shkoi në New York dhe s'andejmi u kthye në Londër në punën e vet.

Unë qëndrova me vëllanë e familjen në Kanada dhe shpesh Gëzimi na shpinte për vizita në të dy anët e kufirit Detroit dhe Windsor.

Me Irfanin nuk ngopeshim me të fjalosur, dit e nat e shpesh herë përsëritnim të njëjtat muhabete! Qëndruam bashkë pa u ndarë deri më 10 shtator kur ika për në Australi via Detroit-Los Angeles-Brisbanë.

Nä Australi vazhdojmë mirë me familje, edhe një fare aktiviteti në vendin ku jetojmë e kemi.

Unë për moshën që kam, kohën më të këndshme e kaloj me fëmijët e fëmijve, domethënë, me tre nipkat e me tri mbeskat që më rrethojnë me plot dashuri dhe më japin shpresë që do të bëhen pasardhës të dobishëm e të denjë.

Dëshiroj të dal dhe një herë për të parë e çmallosur me të afërmit si në Amerikë, Kanada edhe në Evropë por dhe pleqëria po na rëndon!

12 Dhjetor 2009

Data për t'u vënë re :

Petrit Kello

    arratisur nga Shqipëria më datën 27 mars 1950, dita e hënë

    plotësoi 50 vjet në mërgim më datën 27 mars 2000 dita e hënë

    mbushi moshën 70 vjeç më datën 5 janar 2004 dita e hënë

    mbushi moshën 75 vjeç më datën 5 janar 2009 dita e hënë

Emigrant në Australi

DOKUMENTA DHE LETËRKËMBIME

Në faqet në vijim do të gjeni disa dokumenta si dhe letër-këmbimin e z. Petrit Kello me zyrtarë të qeverisë së Australisë në lidhje me çështjen e Kosovës gjatë luftës së vitit 1999, më pas në lidhje njohjen e pavarësisë së Kosovës në vitin 2008 dhe së fundmi në lidhje me pritjen e refugjatëve kosovarë në Australi.

Emigrant në Australi

Petrit Kello

Petrit Kello, 16 shkurt 1952, Mynih

Emigrant në Australi

Petrit Kello

Çertifikatë nga Kompania 4000 në Gjermani

Emigrant në Australi

Petrit Kello, fotografuar në Greqi 1951

Emigrant në Australi

Petrit Kello

RESETTLEMENT AND RESEARCH BRANCH
EUROPEAN COMMAND

APO 757   U. S. ARMY

2 December 1953

TO WHOM IT MAY CONCERN:

This is to certify that Petrit Estref KELLO, born 5 January 1934 at Bilisht, Albania, departed Albania in March 1950 and arrived in Greece in April 1950. He remained there until 7 August 1951 and arrived in the British Zone of Germany on 27 August 1951. He departed the British Zone on 9 February 1952, and arrived at the Albanian Labor Service Company in Munich on 10 February 1952. From 25 April 1952 until his departure for Australia via BOAC on 4 November 1952, Mr. Kello was associated with this organization for the purpose of emigration.

To the best of our knowledge and belief, Mr. Kello conducted himself well during his stay in Germany and had no record of trials or conviction for any offense.

Oscar H. Woods
Resettlement Officer

Vërtetim nga Kompania 4000

Emigrant në Australi

Petrit Kello

TO WHOM IT MAY CONCERN

Petrit E. KELLO was resident at LAVRION Refugee Camp after his escape from Albania in March 1950 and before his departure from Greece. He is of agreable personality and good character and nothing is known against him on political or other grounds. While at the Camp he had the opportunity of learning some work in the electrical trade and proved an apt pupil.

Mr. KELLO was issued at Salonica with a temporary identity card as a political refugee, under No. 32693 of 9.10.1950.

DATE: 1. 1954

Δ: ΒΛΑΣΡΑΡΗΣ
Γενικος Δ/ντής
Directorate General of the
Aliens' Department, Athens
Greece.

Vërtetim nga kampi i refugjatëve në Lavrion

Emigrant në Australi

Petrit Kello

The South Queensland Tobacco Growers' Co-operative Association Limited

Registered under Primary Producers' Co-operative Associations Act, 1923-1988

Agents for the Queensland
Tobacco Leaf Marketing Board
and The Tobacco Leaf Marketing Board
for the State of New South Wales

Agents for:
The Co-operative Insurance
Co. of Australia Ltd.

TOBACCO LEAF BROKERS

203 EARNSHAW ROAD
NORTHGATE, BRISBANE

P.O. BOX 20, NORTHGATE
BRISBANE, Q. 4013

TELEPHONE No. 266 6954
FAX Number 266 6090

2 April, 1991

TO WHOM IT MAY CONCERN

It is with much pleasure that I write about Mr. Petrit Kello, tobacco grower, of Kellos Road, Beerwah, whom I have known for the past ten years.

During this time Mr. Kello has been a Registered Tobacco Grower, and until recently, was a Member of the Tobacco Leaf Marketing Board of Queensland, a Member of the Queensland Tobacco Quota Committee, a Tobacco Leaf Marketing Board Member on Tobacco Growers Council of Australia, and Chairman of Directors of The South Queensland Tobacco Growers' Co-operative Association Limited.

Mr. Kello possesses well above average initiative and tact and we have always found him co-operative, considerate, willing and above all, honest, and his character, so far as I know, is all that can be desired.

The writer would be happy to give any further information if requested to do so.

B. THOMPSON
General Manager

Rekomandim nga Bordi i duhan-rritësve në Queensland

Emigrant në Australi

Petrit Kello

PARLIAMENT OF AUSTRALIA · THE SENATE

SENATOR RON BOSWELL
LEADER OF THE NATIONAL PARTY IN THE SENATE
SENATOR FOR QUEENSLAND

PARLIAMENT HOUSE
CANBERRA, A.C.T. 2600
TEL: (06) 277 3244
FAX: (06) 277 3246

12TH FLOOR
COMMONWEALTH GOVERNMENT CENTRE
295 ANN STREET
BRISBANE, QLD 4000
TEL: (07) 225 2880
FAX: (07) 229 9735

2nd April, 1991.

TO WHOM IT MAY CONCERN

This letter serves to introduce Mr Peter Kello.

Mr Kello is a well known and respected citizen of Queensland.

He is a long term resident of the Glasshouse Mountains region of our state, and has been a prominent representative of the tobacco industry over the past six years.

It would be appreciated if any necessary assistance could be extended to Mr Kello.

Yours faithfully,

Senator Ron Boswell
Senator for Queensland

Rekomandim nga Senatori i Queensland
Ron Boswell

Emigrant në Australi

Petrit Kello

Michael Lavarch M.P.
Federal Member for Fisher

PARLIAMENT OF AUSTRALIA   HOUSE OF REPRESENTATIVES

3 April 1991

TO WHOM IT MAY CONCERN

This is to introduce to you Mr. Petrit Estref Kello. I have known Mr. Kello of Kello Road, Beerwah since shortly after being elected as his Federal Member of Parliament in 1987.

I am advised that Mr. Kello has been an Australian resident for over thirty-five years and an Australian citizen since 1956. I know him to be a respected member of the community in which he lives.

Mr. Kello is also highly regarded in the broader farming community, in particular the tobacco growing industry in which he has been a prominent member for a many years.

In addition to this Mr. Kello has been the State Government representative on the Queensland Tobacco Marketing Board, and at the time of writing this introduction he is the Chairman of the Board of the South Queensland Tobacco Co-operative Association Ltd.

I am aware that Mr. Kello has always had a good relationship with Government, as an industry representative and in his general dealings with them. He is also of very good character and has been an example to people who have known him.

I hope this letter of introduction will assist you to know Mr. Kello and the benefit he may be to you.

Yours sincerely,

MICHAEL LAVARCH,
Federal Member for Fisher.

Rekomandim nga deputeti Michael Lavarch

Emigrant në Australi

Petrit Kello

PETER SLIPPER BA LLB MP
FEDERAL MEMBER FOR FISHER
GOVERNMENT WHIP

PARLIAMENT OF AUSTRALIA
HOUSE OF REPRESENTATIVES

Committee Service:

Joint Standing Committee
on Foreign Affairs, Defence and
Trade

House of Representatives
Standing Committee on Family
and Community Affairs.

House of Representatives
Selection Committee.

17 March 1998

Mr P Kello
Kello Road
BEERWAH Q 4519

Dear Peter,

Thank you for calling to see me at my office recently with Albert, to discuss matters relating to events taking place in the region of Kosova. I have carefully noted your comments and sympathise with you.

I would be pleased if you could provide me with a copy of the response from the Minister for Foreign Affairs.

I appreciated the opportunity of discussing this matter with you.

Kind regards
Yours sincerely

PETER SLIPPER MP
Federal Member for Fisher
jm

The Dolphin Centre,
118 Aerodrome Road,
Maroochydore,
Queensland. 4558

All correspondence to:
PO Box 5753,
Maroochydore BC,
Queensland. 4558

Phone: (07) 5443 3555
or free call 1 800 646 901

Facsimile: (07) 5443 7270

Letër nga deputeti australian Peter Slipper pas një takimi për çështjen e Kosovës

Emigrant në Australi

Petrit Kello

Release - SITUATION IN KOSOVO   http://www.dfat.gov.au/pmb/releases/fa/fa076_98.html

MEDIA RELEASE

MINISTER FOR FOREIGN AFFAIRS
ALEXANDER DOWNER

FA76   5 June 1998

SITUATION IN KOSOVO

The Australian Government is gravely concerned at reports of a serious escalation of the conflict in Kosovo over the past week.

It is clear that the situation has deteriorated and we are very concerned at reports of a number of casualties and large numbers of refugees crossing the border into Albania.

I call on the government of Federal Republic of Yugoslavia to take immediate action to achieve a peaceful resolution of the conflict and to stop the threat of violence.

These events show that finding a settlement to the conflict in Kosovo becomes more urgent every day if the international community is to avoid a repeat of the tragedy that occurred in Bosnia.

The escalation in fighting increases the onus on both sides to reach a political settlement through direct dialogue. I hope that it will be possible for another round of talks between the government of Federal Republic of Yugoslavia and the Kosovar Albanians to be scheduled in the near future and that it is able to make progress toward that end.

Australia calls for a political solution which provides an enhanced status for Kosovo in Yugoslavia and protects the human rights of all the people of Kosovo.

For further   Innes Willox 02 6277 7500 or 04 1141 4695
information:

This page last modified: Friday, 05-Jun-98 18:03:05

Local Date: Friday, 26-Jun-98 08:54:08 EST

[Return to the Media Release Directory]

HOME   WHAT'S NEW   SEARCH   DIRECTORY   FEEDBACK
©Commonwealth of Australia 1998 Disclaimer

Komunikatë shtypi e Ministrisë së Jashtme të Asutralisë në lidhje me gjendjen në Kosovë

Emigrant në Australi

Petrit Kello

THE DEPARTMENT OF
THE PRIME MINISTER AND CABINET

CANBERRA, A.C.T. 2600

ONE (02) 6271 5111
LE (02) 6271 5414

6 May 1999

Mr Peter Kello
11 Kello Road
BEERWAH QLD 4519

Dear Mr Kello

Thank you for your correspondence of 21 April 1999 to the Prime Minister.

As the matters you raise fall within the portfolio responsibility of more than one Minister, copies of your correspondence have been forwarded to the Minister for Immigration and Multicultural Affairs, the Hon Philip Ruddock, MP and the Minister for Foreign Affairs, the Hon Alexander Downer, MP for attention.

Yours sincerely

Brajinder Grewal
Ministerials Officer

Përgjigje e zyrës së Kryeministrit të Australisë në lidhje me çështjen e emigracionit të shqiptarëve

Emigrant në Australi

Petrit Kello

Senator The Hon. Kay Patterson
Parliamentary Secretary to the Minister
for Immigration and Multicultural Affairs

Parliament House, Canberra ACT 2600
Telephone: (02) 6277 3813
Facsimile: (02) 6277 3804

Mr Peter Kello
11 Kello Rd
BEERWAH QLD 4519

11 AUG 1999

Dear Mr Kello

I refer to your letter letter dated 21 April 1999 to the Prime Minister, concerning assistance to displaced Kosovar refugees. Your letter was referred to the Minister for Immigration and Multicultural Affairs, the Hon Philip Ruddock MP, who has asked me to reply on his behalf. I apologise for the delay in responding.

I appreciate the points raised in your letter, but the Government believes it has responded with an appropriate program with safe havens in Australia. The decision to accept 4000 temporary evacuees was made by the Government at the request of the United Nations High Commissioner for Refugees, and on a per capita basis compares favourably with the offers of assistance made by other resettlement countries.

Thankyou for your support in this important matter.

Yours sincerely

Senator Kay Patterson

Letër-përgjigje e senatorit Kay Patterson në lidhje me pranimin e refugjatëve nga Kosova

Emigrant në Australi

Petrit Kello

Friday, 22 February 2008

Peter Kello
22 Matthew Crescent
Pelican Watters 4551
Queensland

Hon Stephen Smith MP
Minister for Foreign Affairs
PO Box 6022
House of Representatives
Parliament House
Canberra ACT 2600

Dear Mr Smith;

I am writing to congratulate the Australian Government on the decision announced by you on 19 February 2008 to formally recognise the Republic of Kosovo.

This is a great moment for the Albanian and Kosovo communities in Australia and together with the recognition of Kosovo by the US and major European countries this week will secure the independence and freedom of the new Republic of Kosovo.

Australia has an Albanian community that goes back nearly 100 years and interestingly many of the earliest arrivals from the 1920's to the 1940's were by ship to Fremantle with many settling in Perth and nearby regions.

I would like to state my appreciation that Australian governments of both persuasions have in the past supported Albania and Kosovo including during the late 90's Kosovo War where Australia provided safety for 4,000 Kosovo refugees.

Your announcement this week also said that Australia will soon consider the establishment of diplomatic relations with Kosovo. This is an excellent development and I would like to urge the Australian Government to go one step further and consider the appointment of an Australian Ambassador to be responsible for both Albania and Kosovo and be located in one of these countries.

Albania and Kosovo are actively striving to integrate more closely with the European Union and world economies.

Australia's recognition of Kosovo and any further support including establishment of diplomatic relations or support for development agencies in Kosovo are actually an investment in peace and stability for the Balkans region.

I thank you again for the decision to recognise the independence of the Republic of Kosovo.

Yours sincerely;

Peter Kello

Letër falenderimi qeverisë së Australisë për njohjen e Republikës së Kosovës

Emigrant në Australi

Petrit Kello

4 January, 2001

Peter Kello
11 Kello Rd
Beerwah 4519

Mal Brough MP
Federal Member for Longman
110 Morayfield Rd
Caboolture 4510

Dear Mal,

Congratulations to you on your recent appointment as a Minister in the Commonwealth Government.

We have appreciated your efforts for the local community since you became our local member and were delighted to hear the announcement of your appointment. It was great to see you getting recognition for your good efforts but its also great to see that our local area will have direct representation in the senior levels of the Commonwealth Government.

I would like to take this opportunity to again thank you for your support for refugee Albanian Kossovars during the turmoil of 1999. While the situation in Kossova is considerably improved as a result of the NATO forces now stationed in Kossova there are many Albanian Kossovars who have been left homeless after the war.

Australia would earn international respect and appreciation as well as immense gratitude from local Albanian Australian communities if it were able to ease immigration restrictions and allow an increase in the number of Albanian Kossovar refugees allowed to settle in Australia.

Modern nations across the world are showing great compassion and are assisting the poorer and displaced peoples of the world by permitting increased immigration into their country at this time.

Again my congratulations to you on your appointment to the Howard Ministry and my best wishes to you personally in the year ahead.

Yours Sincerely

Peter Kello

Letër ministrit të qeverisë së Australisë Mal Brough në lidhje me çështjen e refugjatëve kosovarë

Emigrant në Australi

Petrit Kello

PARLIAMENT OF AUSTRALIA HOUSE OF REPRESENTATIVES

Mal Brough MP
Federal Member for Longman

Wednesday, 21 November 2001

Mr P Kello
11 Kello Rd
BEERWAH QLD 4519

Dear Peter,

Thank you for your congratulatory letter received in my office yesterday.

I am extremely encouraged and touched by your support and comments as it definitely makes all the hard work and long hours worthwhile.

I also thank you for your comments in relation to refugees into Australia and you can be assured that they will certainly be taken into due consideration when I am next in Canberra.

The next three years are ones that I am looking forward to as there is still a great deal to be completed and done for our community.

Once again thank you for your support and should there be any issue you require assistance on, please do not hesitate to contact my office as I would be pleased to assist in whatever way I can.

Regards,

Mal Brough MP
Federal Member for Longman

Ref:MB/ae

---

110 Morayfield Road, P.O. Box 1883, Caboolture, Qld. 4510
Phone: (07) 5495 6290   Fax: (07) 5498 3307   Freecall: 1800 060 649
Email: Mal.Brough.MP@aph.gov.au

Përgjigje nga ministri i qeverisë së Australisë Mal Brough në lidhje me çështjen e refugjatëve

Emigrant në Australi

Petrit Kello

Falenderim nga Fondi i ndihmës për Kosovën

Emigrant në Australi

Petrit Kello

Në Brisbanë, Australi - fotografuar me rastin e festës së Flamurit më 28 Nëndor 2009. Nga e majta në të djathtë: Petrit Kello, Dr. Zikri Palushi, Rexhep Mehmeti, Refat Hyseni, Avdyl Isai dhe Haki Braho.

Emigrant në Australi

Fotografuar me rastin e ditëlindjes së Sabries (gjithë të vegjlit me gjyshin e gjyshen)
Nga e majta Harizi, Danyoni, Desdemona me Mirendën, Sabria, Ryana, Ademi dhe Petriti.

Emigrant në Australi

PËRMBAJTJA

PARATHËNIE 3
NË SHQIPËRI 7
ARRATISJA 15
EMIGRIMI 27
KTHIMI 39
NJË TJETËR UDHËTIM JASHTË AUSTRALISË 48
DATA PËR T'U VËNË RE: 51
DOKUMENTA DHE LETËRKËMBIME 53

Emigrant në Australi

Petrit Kello

Emigrant në Australi

www.ingramcontent.com/pod-product-compliance
Lightning Source LLC
Chambersburg PA
CBHW020016050426
42450CB00005B/506